Die große *Liebe* erkennt
man nicht an ihrer *Stärke,*
sondern an ihrer *Dauer.*

Robert Poulet

© 2010 SCM Collection im SCM-Verlag GmbH & Co. KG, Witten
Gesamtgestaltung: Miriam Gamper, Essen, www.dko-design.de
Druck: dimograf, Polen
ISBN 978-3-7893-9447-8
Bestell-Nr. 629.447

Fotos: © Shutterstock; Foto „Maulbronner Klosterbrunnen", © Landeskundliches Bildarchiv/EBV,
Landesmedienzentrum Baden-Wuerttemberg, Stuttgart

Cornelia und Ulrich Mack

Die *Liebe* macht das *Leben* reich

Das Buch zur Silberhochzeit

SCM Collection

Gratulation!

Sie haben Grund zu feiern.
Sich zu feiern.
Ihr Miteinander. Ihre Ehe.
Wir gratulieren Ihnen zu einem Vierteljahrhundert
Ihres gemeinsamen Weges.

Ja, große Gratulation dazu, dass Sie zusammengeblieben sind – über manche Höhen und vielleicht auch durch einige Tiefen! Das ist heutzutage nicht selbstverständlich.
Und wenn Sie Ihren Silbernen Hochzeitstag nicht einfach verstreichen lassen, sondern ihn feiern, dann gehören Sie wirklich zu den Paaren, denen ganz besonders zu gratulieren ist.

Dieses Buch soll Sie bei Ihrem Feiern ein wenig begleiten. Es kann Sie zum Danken und zum Denken anregen oder einfach zum Schauen und Sich-Freuen. Und auch dazu, dass Sie sich nicht nur von möglichst vielen Leuten gratulieren lassen, sondern dass Sie sich erst einmal gegenseitig gratulieren – im ursprünglichen Sinn dieses Wortes. Im lateinischen „gratulari" steckt „gratia" drin, und das heißt Glückwunsch, Dank, Gnade. „Gratulieren" bedeutet: Glück wünschen, auch danken und einander Gnade zusagen, Freude, Vergebung, immer wieder erneuerte Liebe: „Danke für unsere Zeit. Danke für alles Gute. Danke für dich!"

In diesem Sinn gratulieren wir Ihnen herzlich. Wir wünschen Ihnen viel Freude beim Blättern in diesem Buch, dem es hoffentlich abzuspüren ist, dass wir vor einigen Jahren unsere eigene Silberne Hochzeit gern und mutmachend gefeiert haben.

Cornelia und Ulrich Mack

Wir gratulieren Ihnen zu einem *Vierteljahrhundert* Ihres gemeinsamen *Weges.*

Die Ehe ist und bleibt die wichtigste

Entdeckungsreise,

die der Mensch unternehmen kann.

Sören Kierkegaard

Rückblick auf 25 Jahre

25 Jahre lang leben wir miteinander.
Was für eine Zeitspanne – ein Vierteljahrhundert, eine Generation.
So viel Zeit haben wir miteinander schon gestaltet.

Vieles war schön, wunderschön, erfüllend, beglückend, zum Staunen:
das Abenteuer, den anderen zu entdecken.
Spannend war es und manchmal aufregend,
die Andersartigkeit des anderen gelten zu lassen.

In 25 Jahren hat sich manches erfüllt, und manche Wünsche sind offen
geblieben. Vieles ist ganz anders geworden als ursprünglich geplant oder
gedacht, erhofft oder ersehnt. Anderes hat sich über Erwarten erfüllt.

Solche Erfahrungen gehören zu jedem Leben dazu und erst recht zu einer Ehe,
die 25 Jahre währt. Im Rückblick mischt sich darum immer beides:
Dankbarkeit und Fragen, Freude und Schmerz, Zuversicht und Verzagtheit.

25 Jahre sind für viele ein Wendepunkt. Beruflich ist manches erreicht.
Manches hat sich stabilisiert, aber auch Umbrüche bahnen sich an. An einigen
Stellen heißt die Herausforderung: loslassen. Wenn Kinder zu einer Ehe
dazugehören, gehen sie nach und nach aus dem Haus. Neue Perspektiven sind
nötig, neue Aufgaben bahnen sich an.

So entsteht nach 25 Ehejahren das Gefühl, mittendrin zu sein, im Fluss, in der
Bewegung, in der Veränderung mit dem Blick zurück und nach vorne. Darum
brauchen wir Ankerpunkte für die Seele – in der Vergangenheit und in der
Zukunft.

Im Rückblick auf die Vergangenheit hilft uns die Erfahrung,
dass Gott uns begleitet und gesegnet hat
miteinander, füreinander und für andere.
Im Vorausblick auf die Zukunft gewinnen wir Gewissheit
durch Gottes Zusagen und das Vertrauen auf seine Treue.

Jesus Christus sagt:

„Siehe, ich bin bei euch alle Tage

bis an der Welt Ende."

Glaube,

Hoffnung

Liebe

Wenn ich in Sprachen rede, die von Gott eingegeben sind – in irdischen
Sprachen und sogar in der Sprache der Engel –, aber keine Liebe habe,
bin ich nichts weiter als ein dröhnender Gong oder eine lärmende Pauke.
Wenn ich prophetische Eingebungen habe, wenn mir alle Geheimnisse enthüllt
sind und ich alle Erkenntnis besitze, wenn mir der Glaube im höchsten nur
denkbaren Maß gegeben ist, sodass ich Berge versetzen kann – wenn ich alle
diese Gaben besitze, aber keine Liebe habe, bin ich nichts.
Wenn ich meinen ganzen Besitz an die Armen verteile, wenn ich sogar bereit
bin, mein Leben zu opfern und mich bei lebendigem Leib verbrennen zu lassen,
aber keine Liebe habe, nützt es mir nichts.

Liebe ist geduldig. Liebe ist freundlich. Sie kennt keinen Neid,
sie spielt sich nicht auf, sie ist nicht eingebildet.

Sie verhält sich nicht taktlos, sie sucht nicht den eigenen Vorteil,
sie verliert nicht die Beherrschung, sie trägt keinem etwas nach.
Sie freut sich nicht, wenn Unrecht geschieht, aber wo die Wahrheit siegt,
freut sie sich mit.
Alles erträgt sie, in jeder Lage glaubt sie, immer hofft sie, allem hält sie stand.

Die Liebe vergeht niemals.

Was für immer bleibt, sind Glaube, Hoffnung und Liebe, diese drei.
Aber am größten von ihnen ist die Liebe.

1. Korinther 13,1-8.13 (NGÜ)

Gewidmet

Die Schöpfungsgeschichte in der Bibel erzählt: Als Gott Adam seine Eva zuführte, da jubelte Adam. Er führte einen Freudentanz auf: „Diese Frau gehört jetzt zu mir. Sie ist mir von Gott geschenkt!"

Dieser Jubel kann sich bei jeder Hochzeit wiederholen, und er hat die Kraft, wenn wir ihn einmal aufgenommen haben, den Ehealltag ein Leben lang zu prägen. Es ist der Jubel, der sich hinter der einfachen Frage an Brautpaare vor dem Traualtar verbirgt: Wollt ihr euch als Gottes Gabe lieben und ehren?

Als Gottes Gabe – und nicht als erobertes Objekt oder als Projektionsfläche der eigenen Wünsche. Sondern als Geschenk von höchster Instanz: Mein Mann ist mir von Gott gegeben, so wie er ist und wie er im Lauf der Jahrzehnte reift. Meine Frau ist mir von Gott geschenkt mit all dem, was sie an Gaben und Charakter mitgebracht hat und noch entdeckt.

Einander als Gabe von Gott geschenkt sein – das gleicht einer persönlichen Widmung aus Gottes Hand. Es ist wie mit einem Buch: Man kann es kaufen, lesen oder verstauben lassen. Man kann es, wenn es alt wird, wegwerfen und ein neues kaufen. Ein Buch aber, das vorne die persönliche Widmung des Autors enthält, bleibt in besonderer Weise wertvoll und einmalig.

Der Jubel des Adam setzt sich fort, wenn Frau und Mann sich immer wieder – auch bei allen Veränderungen, die die Jahre mit sich bringen – sagen und zeigen: Du bist mir ein Geschenk mit persönlicher Widmung, unvergleichlich wertvoll und einmalig.

Ich halte es nicht für das größte Glück,

einen Menschen ganz enträtselt zu haben.

Ein größeres Glück ist es noch, bei dem,

den wir lieben, immer neue Tiefen zu entdecken,

die uns immer mehr die Unergründlichkeit seiner Natur

in ihrer ewigen Tiefe offenbaren.

Fjodor M. Dostojewski

Das *Hohelied* der Liebe

Lege mich wie ein Siegel auf dein Herz,
wie ein Siegel auf deinen Arm.
Denn Liebe ist stark wie der Tod
und Leidenschaft unwiderstehlich wie das Totenreich.

Ihre Glut ist feurig und eine Flamme des Herrn,

sodass auch viele Wasser die Liebe nicht auslöschen
und Ströme sie nicht ertränken können.
Wenn einer alles Gut in seinem Hause
um die Liebe geben wollte,
so könnte das alles nicht genügen.

Hoheslied 8,6-7

Warum heißt das 25-jährige Ehejubiläum eigentlich Silberhochzeit?

Ursprünglich wurde die Silberhochzeit nicht nach 25, sondern nach 50 Jahren gefeiert. Da waren die Eheleute Greise mit silbernen Haaren – von daher stammt der Begriff.

Doch Silber hat ja auch noch eine weitreichendere Bedeutung: Silber ist wertvoll. Silbermünzen sind seit Jahrtausenden eine begehrte Währung. Wenn wir etwas „versilbern", dann geben wir ihm damit noch mehr Bedeutung. 25 gemeinsame Jahre sind ein unschätzbarer Wert. Sie machen etwas sichtbar von der Qualität einer Beziehung.

Silber gehört zu den hellsten, am stärksten das Licht reflektierenden Edelmetallen. Darum wird es auch zur Herstellung von Spiegeln benutzt. In der Ehe werden wir uns immer wieder im anderen spiegeln. Wir erkennen uns besser im Gegenüber. Miteinander reden, die Kommunikation in der Ehe pflegen – das macht die Ehe immer wieder hell.

Silber ist das Metall, das Wärme und Elektrizität am besten leitet. In 25 Jahren wurde vieles zwischen uns geleitet. Am Anfang hat es gefunkt, daraus ist wärmende Beziehung entstanden. Manchmal schlug es auch Funken und Blitze, aber auf jeden Fall wurde Energie weitergegeben, auch Kraft zum Tragen und Ermutigung für den Alltag.

Silber hat auch eine antibakterielle Wirkung. Darum wird es für Beschichtungen von medizinischen Geräten verwendet, auch für Silberfäden und Ähnliches. Schädliche Keime kennt jede Ehe: wenn sich Gleichgültigkeit festsetzen will, Enttäuschungen oder Negativurteile. Darum braucht jede Ehe auch immer wieder Kraft zur Vergebung und neue Beschichtungen der gegenseitigen Liebe.

Silber wird als Farbstoff E 174 auch bei der Herstellung von Lebensmitteln verwendet, zum Beispiel für Überzüge von Süßwaren wie etwa Pralinen und in Likören. 25 Jahre Ehe sollen gefeiert werden. Silberhochzeit ist ein Fest! Die Freude an der Ehe ist aber hoffentlich nicht nur ein süßer Überzug, sondern ein bleibender Wert – auch im 26. Ehejahr und in jedem weiteren.

Wenn wir etwas „versilbern", dann geben wir ihm damit noch mehr Bedeutung.
25 gemeinsame Jahre sind ein unschätzbarer Wert.
Sie machen etwas sichtbar von der Qualität einer Beziehung.

Wunschbilder und *Gottesbilder*

Viele möchten den Ehepartner gerne „nach ihrem Bild" verändern und erziehen.
Bild heißt auf Lateinisch „imago". Deswegen spricht man in der Psychologie auch von
Imaginationen, von inneren Bildern, die uns leiten.

Sie können uns in Sackgassen führen – und zwar dann, wenn aus solchen inneren Bildern
Festlegungen werden: Ich mache mir ein Bild davon, wie der Partner sein sollte, und lege
ihn darauf fest. Entspricht er diesem Bild nicht, ärgere ich mich und fange an zu nörgeln,
zu kritisieren und zu erziehen.

Diese inneren Bilder können aber auch zu hilfreichen Leitbildern werden – und zwar dann,
wenn sie sich nach göttlichen Bildern ausrichten. Wir Menschen sind von Gott nach seinem
Bild geschaffen. Wir sollen zu der Person werden, die Gott sich gedacht hat. Er hat eine
Vorstellung von uns und unserem Leben. Die dürfen wir entdecken, die Gaben und Stärken,
den Auftrag und die Wegweisungen Gottes.

Solche Ausrichtung auf Gottes Vorstellungen schafft uns Freiraum. Gegenseitig.
Nicht ich weiß, was für den anderen richtig ist, sondern Gott weiß es.
Er hat die richtige Vorstellung für unser Leben. Danach sollen wir fragen.

Festlegungen, Kritik und Nörgelei engen ein, drängen zurück, verunsichern und verbittern.
Eigene Vorstellungen zurückzunehmen ermöglicht Freiraum zur Entfaltung.
Die Ausrichtung auf Gottes Horizont erfreut und befreit, beflügelt und verändert.

*So ist's ja besser
zu zweien als allein.*

So ist's ja besser zu zweien als allein;

denn sie haben guten Lohn für ihre Mühe.

Fällt einer von ihnen, so hilft ihm sein Gesell auf.

Weh dem, der allein ist, wenn er fällt!

Dann ist kein anderer da, der ihm aufhilft.

Auch, wenn zwei beieinander liegen, wärmen

sie sich; wie kann ein Einzelner warm werden?

Einer mag überwältigt werden, aber zwei können widerstehen,

und eine dreifache Schnur reißt nicht leicht entzwei.

Prediger 4,9-12

Gott mit im *Bund*

Ja, es ist besser zu zweit.
Schon oft haben wir diese Erfahrung gemacht.
Wir können einander Hilfe sein.
Wenn einer schwach wird, kann der andere stützen.
Wenn einer friert, kann der andere wärmen.
Die Seele kann auftauen, wenn sich der andere mir zuwendet.

Doch manchmal sind wir auch beim Tragen überfordert.
Die Last kann zu schwer werden.
Wie gut, wenn da ein Dritter ist, der sich uns zur Seite stellt.
Gott trägt mit.
„Eine dreifache Schnur reißt nicht leicht entzwei":
Diesen Satz hat ein Prediger vor vielen hundert Jahren formuliert.
Er wusste, wie befreiend es ist,
wenn wir aus Gottes unerschöpflichen Kraftquellen schöpfen können.
An ihn dürfen wir uns wenden, wenn wir nicht mehr weiter wissen.

So will es Gott.
Er stellt sich zu uns.
Er will der Dritte im Bund sein.
Was für eine Chance für unsere Ehe!

Wir dürfen zu Gott kommen und zur Dankbarkeit finden.
Bei ihm finden wir die Liebe, die unser Leben braucht.
Er hat Hoffnung auch für ausweglose Situationen.
Er weiß unsere Zukunft und kennt unseren Weg.
Bei ihm finden wir Barmherzigkeit und Vergebung.
Er schenkt immer wieder einen neuen Anfang.

„Eine dreifache Schnur
reißt nicht leicht entzwei."

Wie gut, dass wir uns nicht nur aufeinander verlassen müssen,
sondern dass Gott sich uns zu Seite stellt.
Wir können einander immer wieder aufhelfen,
aber letztlich ist es Gott, der uns auch miteinander wieder auf die Füße stellt.

Mit Gott im Bund sind wir unter seinem Schutz und Segen.
Das ist tragfähige Hoffnung für unsere Ehe.

Ehesegen

Gott segne euren weiteren Weg.

Er segne euer Lachen und Weinen.
Er segne die Tage voller Freude
und sei euch nahe in den mühsamen Stunden.
Er segne eure Wege mit Hoffnung
und gebe euch Zuversicht in den Stunden des Bangens.

Er gebe euch immer neu Grund zum Feiern
und trockne eure Tränen im Leid.

Gott segne euch füreinander,
dass ihr einander trauen und stützen könnt,
ermutigen und aufrichten,
tragen und ertragen.

Der barmherzige Gott schenke euch immer neu Wege zueinander,
den Willen zur Versöhnung,
die Freude des Miteinanders,
den barmherzigen Blick aufeinander.

So segne euch der barmherzige und gnädige Gott
und gebe euch Frieden.

Der barmherzige Gott schenke euch immer neu Wege zueinander

Brunnen-Weisheit

Kennen Sie den Maulbronner Klosterbrunnen?
Seit Jahrhunderten schmückt er den Kreuzgang.
Drei Schalen sind harmonisch übereinandergeordnet,
und immer wiederholt sich dasselbe Spiel:
Die obere Schale füllt sich mit Wasser,
so weit, dass es am Rande wieder ausläuft
und nun die zweite Schale unter ihr füllt,
bis auch diese Wasser in die unterste,
größte Brunnenschale fließen lässt.

Dieser Brunnen kann zu einem schönen Bild für die Ehe werden:
Zuerst selbst gefüllt werden mit Liebe,
davon überfließen und so den Ehepartner füllen,
wie eine Schale die andere.

Freude nicht für sich behalten, sondern ausschütten.

Ein lebendiges Geben und Empfangen.
Und wer der unteren und wer der oberen Schale gerade gleicht,
das wechselt immer wieder im Überfließen und Beschenktwerden.

Nur eine Schale sollte die oberste bleiben:
Jesus Christus gleicht der Schale über den beiden Schalen.
Die beiden unteren Schalen können sich nicht selbst füllen,
sondern werden durch die oberste gespeist.
Liebe, Freude, Kraft zum Leben – damit will uns Christus füllen,
damit wir weiterschenken können.

Wohl erprobt sich die *Liebe* in der *Treue*,
sie vollendet sich aber in der *Vergebung*.

Werner Bergengruen

Vergebung

Echte Liebe

hat immer etwas von der Art der Liebe Gottes an sich:

Sie ist selbstlos und beständig.

Sie will nicht haben, sondern geben.

Sie will nicht glücklich werden, sondern glücklich machen.

Sie sieht in der Entfaltung des anderen,

des geliebten Menschen,

das größte Glück.

Wilhard Becker

Das Haus
unserer *Sehnsüchte*

Eine Frau steht am Morgen vor ihrem Haus – jeden Morgen.
Jedes Mal wandert ihr Blick hinüber zur anderen Seite des Tales.
Denn dort steht ein Haus mit goldenen Fenstern.
Von Tag zu Tag schaut sie dieses Haus sehnsüchtiger an.
Eines Tages beschließt sie:
In dem Haus mit den goldenen Fenstern will ich wohnen.
So macht sie sich auf, verlässt ihr bisheriges Haus und geht.
Sie wandert den ganzen Tag.
Abends kommt sie bei dem Haus ihrer Sehnsüchte an.
Sie schaut sich das neue Haus an.
Die Fenster sehen ganz normal aus, wie bei ihrem ehemaligen Haus.
Aus der Ferne sah alles vollkommen aus.
Aus der Nähe besehen sieht das neue Haus ihrem bisherigen sehr ähnlich.
An manchen Stellen ist es auch schäbiger.
Der Putz blättert ab, der Garten ist nicht so gut gepflegt.

Sie schaut sich um.
Sie schaut hinüber zur anderen Talseite.
Dort steht ein Haus mit goldenen Fenstern.
Es ist ihr eigenes Haus.
Seine Fenster glänzen golden in der Abendsonne.

In fast jeder Ehe gibt es Wüstenstrecken – Zeiten, in denen beide sich eigenartig fremd werden. Manche rutschen langsam hinein, andere empfinden es als überraschend, dass die Beziehung wie tot erscheint. Man hat sich kaum mehr etwas zu sagen. Gibt es Chancen, über den toten Punkt hinwegzukommen?

Zunächst kann es hilfreich sein, sich bewusst zu machen: Auch solche schwierigen Strecken gehören zu den wichtigen Erfahrungen einer Ehe. Wer körperliche Krisen und Krankheiten erlebt, sucht Heilung und Erholung. Auch eine Ehe braucht immer wieder Zeiten, in denen wiedergeholt wird, was für die Beziehung am Anfang wichtig war. Was war wichtig? Nicht nur das Liebesgefühl. Sondern die Entscheidung füreinander. Das bedingungslose „Ja" zueinander. Der Wille zum Miteinander.

Das zurückzuholen kann Kraft kosten. Aber eben diese Kraft kann Gott schenken. Er kann aus der Dunkelheit zum Licht führen, aus der Wüste zur Quelle, aus dem Tod zum Leben. Er kann den toten Punkt überwinden. An Ostern feiern wir: Jesus ist auferstanden. Das führt uns zu der Freiheit, uns selbst und unsere Ehe im hoffnungsstarken Licht des Ostermorgens zu sehen. Auch eine Ehe lebt von „Auferstehungen". Sie kann neu lebendig werden. Was vorher belastend war, darf getrost sterben. Was falsch war, darf begraben sein. Das „Ja" zueinander darf neu auferstehen in ein neues „Wir". Und die Liebe wird folgen.

Es gibt in den Ostergeschichten des Johannesevangeliums einen schönen Satz: „Als es aber Morgen wurde, stand Jesus am Ufer" (Johannes 21,4). Die Freunde von Jesus hatten dunkle Stunden erlebt, Misserfolg, Frust. Doch die Nacht war im Schwinden, der neue Tag brach an. Da sahen sie im Morgenlicht Jesus am Ufer stehen.

Das gilt auch für jede Ehe, die sich auf Auferstehung einlassen will: Ein neuer Tag beginnt. Jesus steht am Ufer des gemeinsamen Lebens. Und im Morgenlicht kann der Eheweg weitergehen.

Auch eine Ehe lebt von „Auferstehungen". Sie kann neu lebendig werden.
Was vorher belastend war, darf getrost sterben. Was falsch war, darf begraben sein.
Das „Ja" zueinander darf neu auferstehen in ein neues „Wir".
Und die Liebe wird folgen.

Manchmal ist es nötig, sich auseinander zu setzen, um wieder zusammensitzen zu können. Solche Auseinandersetzungen sind dann hilfreich, wenn sie ehrlich und offen geschehen, wenn sie ein gewisses Maß gegenseitiger Würdigung und die Bereitschaft zur Selbstkritik einschließen.

Was aber, wenn das Gefühl für Nähe und Distanz längst im Strudel von Verletzungen und Vorwürfen ertrunken ist? Wenn sich so viel Schuld angehäuft hat, dass der Partner oder die Partnerin so weit weg scheint, dass ein Sich-auseinander-Setzen gar nicht mehr möglich ist? Wer kann da noch eine Brücke bauen?

Die Bibel zeigt: Jesus will ein solcher Brückenbauer sein. Dafür lebte er, und dafür starb er. Es kann hilfreich sein, sich Jesus am Kreuz in Gedanken vor Augen zu stellen. Da hängt er und breitet seine Arme aus. Und seine Arme reichen weit. Sie reichen so weit, dass er die beiden Partner an die Hand nehmen kann. Nun sind sie, obwohl weit entfernt, doch verbunden über Jesus Christus am Kreuz. Und was zwischen den beiden steht an Fehltritten, Verletzungen und Schuld, das kann nun getrost in der Mitte bei Jesus bleiben. Es wird mit in sein Sterben hineingenommen. Und statt weiterer Vorwürfe und Anklagen gibt Jesus die Kraft zur Versöhnung in die Beziehung hinein.

Mit drei Buchstaben lässt sich dieses Bild in der Erinnerung festmachen:

Wie im Wort „EHE" das „H" zwischen den beiden „E" steht,

so will Christus als „*Herr*" zwischen den beiden „*Ehepartnern*" stehen.

Die Liebe überwindet den Hass
wie das Licht die Finsternis.

Martin Luther King

Wie lange reden Paare täglich miteinander? Sind es fünfzehn Minuten?
Oder mehr? Oder nur fünf? Untersuchungen liefern unterschiedliche Zahlen.
Aber viel wichtiger ist, sich im Blick auf die eigene Ehe zu fragen:

Wie viel Zeit schenken wir uns: zum Reden und – noch viel wichtiger – zum Zuhören?

Manche Paare haben den Eindruck, ihr Ehegespräch könnte eine Auffrischung
brauchen. Sie denken wehmütig an die Zeit des ersten Verliebtseins zurück.
Sie haben den Eindruck: Damals haben wir uns besser verstanden. Warum?
Weil sie viel mehr miteinander geredet haben. Sie öffneten einander ihr Herz
und hörten sich neugierig zu. Sie wagten es, auch Gefühle und Stimmungen in
Worte zu fassen und „mitzuteilen".

Wie hat sich dann das Ehegespräch im Lauf von 25 Jahren entwickelt? Wenn
ein Silbernes Hochzeitspaar sich noch immer viel Zeit zum Gespräch gönnt,
dann ist ihm nur zu gratulieren. Weiter so im Silberschein ausgesprochener
Ehefreude!

Was aber, wenn das Gespräch langsam verstummt ist? Wenn das Reden über
Gefühle und Gedanken auf der Strecke blieb? Wenn jeder meint, es sei alles
gesagt und die eigenen Wünsche und Bedürfnisse solle der andere gefälligst
erraten?

Dann kann das Ehegespräch wieder „in Gang" kommen.
Denken wir ans Anfahren eines Autos.
Zuerst die Kupplung treten – offen sein für einen neuen Gang.
Dann den Gang einlegen – das Gespräch wirklich wagen, vielleicht dafür einen
Termin vereinbaren, ein schönes Essen dabei, ein Rahmen der Geborgenheit.
Dann die Handbremse lösen – offen sein zum Hören, gelöst aufmerken.
Und schließlich: Gas geben – ehrlich reden, sich dabei Zeit gönnen.
Und das Lenken nicht vergessen.
Und wo nötig: auch das Bremsen nicht.

Die Ehe gleicht einem *Garten.*

Erstaunlich, was da alles gewachsen und
gereift ist im Lauf der Jahre.

Wunderbar, was gedeihen konnte.
Was aufblühte.
Wie sich Früchte entwickelten.

Die Ehe bleibt ein Garten.
Ein wunderbares Land, für das zu sorgen sich lohnt.
Ehegartenarbeit ist schön.

Vertrauen säen – und wir ernten Treue.
Verständnis ausstreuen – und Verstehen wächst.
Vergebung pflanzen – und Frieden breitet sich aus.

Mit Freundlichkeit bewässern – und Dankbarkeit gedeiht.
Liebe gießen – und Freude keimt.
Unkraut entfernen – und Freiheit atmet.

Je mehr wir uns in solche Gartenarbeit einbringen,
desto mehr ernten wir und werden aneinander reich.

Der Garten der Ehe soll blühen.

So gehören wir zusammen –
mit allem, was wir mitbringen.
Das alles gehört zu uns dazu.

Das Gute an
Enttäuschungen

In einer Ehe gibt es auch Enttäuschungen. Charaktereigenschaften sind sichtbar geworden, die am Anfang vielleicht anziehend waren, aber im Lauf der Jahre stören. Beide haben sich entwickelt, nicht immer nur zum Positiven. Das führt oft zu Enttäuschungen. Doch Enttäuschungen sind nicht nur negativ.

Schauen wir uns das Wort „Enttäuschung" genauer an, dann wird darin auch ein positiver Aspekt sichtbar. Es wird uns eine Täuschung genommen. Wir werden ent-täuscht. Wir entdecken, dass wir Täuschungen erlegen sind. Durch Ent-täuschungen können wir einen realistischeren Blick bekommen, überhöhte Vorstellungen überprüfen, falsche Ziele entlarven.

Wenn wir heiraten, heiraten wir nicht nur das am anderen, was uns gefällt, sondern den ganzen Menschen mit allem, was er mitbringt: seine Herkunft, sein Elternhaus, seine Prägungen in der Jugendzeit, seine Schwächen und Verletzungen.
Und beide Partner erfahren im Lauf der Ehe: So gehören wir zusammen – mit allem, was wir mitbringen. Das alles gehört zu uns dazu.
Das bedeutet auch: Wir können die falschen Vorstellungen von Vollkommenheit hinter uns lassen. Kein Mensch ist fehlerfrei, auch nicht annähernd. Und somit wird auch Ehe nie vollkommen sein.
Es ist großartig zu wissen: Gott liebt auch die Unvollkommenen und Unperfekten. Sowohl mich unvollkommenen Menschen wie auch meinen unvollkommenen Ehepartner.

Gottes Liebe ist vollkommen.
Diese Liebe gilt uns beiden gleichermaßen.
Sie kann unsere Ehe tragen.
Sie kann uns helfen, Ent-täuschendes nicht an unseren Vorstellungen von Vollkommenheit zu messen, sondern an Gottes Barmherzigkeit.

Wie
Veränderung
geschieht

Meine Freunde sagten seit Jahren zu mir, ich solle mich ändern. Meine Frau nickte dazu. Jeder sagte mir immer wieder, ich solle mich ändern. Ich pflichtete ihnen bei, und ich wollte mich auch ändern, aber ich brachte es nicht fertig, so sehr ich mich auch bemühte. Dann sagte eines Tages meine Frau zu mir: „Ändere dich nicht! Bleib, wie du bist. Es ist wirklich nicht so wichtig, ob du dich änderst oder nicht. Ich liebe dich so, wie du bist. So ist es nun einmal."

Diese Worte klangen wie Musik in meinen Ohren. „Ändere dich nicht, ändere dich nicht ... ich liebe dich!" Und ich entspannte mich und wurde lebendig, und Wunder über Wunder, ich änderte mich! Jetzt weiß ich, dass ich mich nicht wirklich ändern konnte, bis ich jemanden fand, der mich liebte, egal, ob ich mich nun änderte oder nicht.

(nach Anthony de Mello)

Ich liebe dich so, wie du bist. So ist es nun einmal.

Entscheide dich immer für die Liebe.
Wenn du dich ein für alle Mal dazu entschieden hast,

so wirst du die ganze Welt bezwingen.

Denn dienende Liebe ist eine ungeheure Kraft,
und ihresgleichen gibt es nicht.

Fjodor M. Dostojewski

Liebe –
weit mehr als Gefühl

„Gefühle werden gehabt,
die Liebe geschieht.“
So drückt es der jüdische Gelehrte Martin Buber aus.

Gefühle können uns haben und uns wieder verlassen.
Alle Frischverliebten wissen, wie sehr sie von Gefühlen gefangen sein können,
fasziniert, gefesselt, verzaubert.
Doch das ist kein Dauerzustand.
Gefühle können verblassen, schwächer werden, ja noch mehr, sie können ganz
verschwinden oder sich ins Gegenteil verkehren. Was dann?

Gut zu wissen, dass Liebe mehr ist als Gefühl.

„Liebe ist Verantwortung eines Ich für ein Du.“ (Martin Buber)

Sie kann sich festmachen an Gott.
Seine Liebe geschieht,
für uns,
durch seine Barmherzigkeit zu uns,
durch sein Wort an uns,
durch sein Handeln für uns.

Er hat Verantwortung für uns übernommen.
Daran können wir unsere Liebe festmachen.
Darauf können wir bauen.

Weil Gott sich für uns entschieden hat,
können wir uns füreinander entscheiden.
Weil Gott in Treue zu uns steht,
können wir einander treu sein.

So werden wir entdecken:
Liebe ist weit mehr als Gefühl.
Wie gut.

Wie Gott mir,

so ich dir

Eine bekannte Redewendung lautet:
Wie du mir, so ich dir.

Würden wir danach handeln, wären wir schnell in der
Gefahr, Negatives aufzurechnen, heimzuzahlen und uns
schlussendlich vor den Auswirkungen unseres eigenen
Tuns schützen zu müssen.

Es gibt ein faszinierendes Gegenwort:
Wie Gott mir, so ich dir.

Gott macht es anders als wir.
Er zahlt nicht mit gleicher Münze heim,
sondern investiert sich mit seiner Liebe ganz
in uns Menschen.
Seine Liebe ist anders, nicht berechnend,
sondern barmherzig, vergebend, umfassend.

Er liebt, obwohl wir Fehler machen und schuldig werden.
Er unterscheidet in seiner Liebe zwischen dem,
was wir tun, und dem, was wir sind.
Er sieht hinter aller Fehlerhaftigkeit und Schwäche
immer noch unsere Würde.
Wir sind seine Geschöpfe, seine Kinder.
Darum dürfen wir auch mit Ballast und verdunkeltem
Gewissen zu ihm kommen.

Wenn seine Liebe uns ergreift,
wenn seine Barmherzigkeit in
unser Herz fällt, dann erfahren
wir die verändernde Kraft seiner
Liebe.

Er vergibt Schuld,
er will aus der Dunkelheit ins Licht führen.
Er will uns gestalten und formen nach seinem Bild.
Er kennt uns und weiß um unsere verborgenen
Möglichkeiten.
Er weiß, wozu wir auf dieser Welt sind.
Seine Liebe will unser Leben entfalten.

Von dieser Art Gottes können wir lernen.
Wir können lernen, zu unterscheiden zwischen dem,
was ein Mensch ist, und dem, was er tut.

Wir können lernen, einander mit den Augen Gottes
zu sehen.
Dann wird sich unser Blick aufeinander verändern.
Wir können die Sache benennen, die stört oder verletzt,
und dennoch den Menschen in seiner Würde achten.
Wir können lernen, den anderen zu sehen, wie Gott ihn
sieht.

Wie Gott mir, so ich dir.

Das *Braut*portal

An manchen Kirchen gibt es einen speziellen Eingang für
Brautpaare an der Hochzeit. An einem solchen Brautportal
hat ein Künstler ein Kreuz angebracht, ein Kruzifix – aber nun
nicht so, dass das Kreuz irgendwo über der Tür hängt:
Der Künstler hat es ganz tief in den Eingang heruntergezogen.
Wenn nun ein Brautpaar die Kirche betritt, müssen die beiden
sich für einen Moment loslassen und sich unter dem Kreuz
beugen und unter ihm hindurchgehen – und dann können sie
sich wieder neu die Hand geben und einander empfangen.
Damit wollte der Künstler zeigen:

So soll Jesus Christus zwischen euch stehen –

mit seiner Liebe, seiner Vergebung.
Es gibt niemanden, der in der Ehe nicht Fehler macht und
schuldig wird. Aber Jesus Christus will Vergebung schenken,
befreien, erneuern.

Darum werden wir in der Bibel immer wieder an das Danken erinnert.
Zum Beispiel in Psalm 103:

„Lobe den Herrn, meine Seele, und vergiss nicht, was er dir Gutes getan hat."

Darum: Wie wär's mit einem Dankbarkeitskonto?

Keine schwarze Liste,
auf der alle Fehler und Missgeschicke des Partners aufgelistet sind,
sondern eine Dankbarkeitsliste

♥ für gute Eigenschaften des anderen
♥ für die andere Sichtweise
♥ für Unterstützung und Fürsorge
♥ für Zuwendung und Hilfe
♥ für besonders schöne Momente
♥ für Fähigkeiten und Gaben
♥ für überstandene Schwierigkeiten
♥ für …

Nein, bitte jetzt kein Stress! Die Liste muss nicht perfekt sein. Sie muss nicht einmal auf einem
Zettel stehen. Eine Liste im Kopf ist schon viel. PC-Freaks legen sich im Notebook eine Liste an
und starten sie mit einem fröhlichen Button, der zum Anklicken lockt.

Wie gut tut es unserer Ehe, wenn wir uns dann auch gelegentlich sagen,
was sich auf der Liste angesammelt hat! Denn Dankbarkeit macht auch den anderen glücklich.
Sie bildet einen Schutzwall um die Seele. Sie lässt aufatmen und befreit leben.

Dankbarkeit

ist die *Wachsamkeit* der *Seele*

gegen die Kräfte der Zerstörung.

Gabriel Marcel

Was ich dir
verspreche

Bei der Hochzeit habe ich versprochen,
dich als Gabe Gottes zu lieben und zu ehren

· zugeeignet von höchster Instanz,
· erstaunlich und anders als gedacht,
· genau richtig für mich,
· um an dir zu reifen und zu wachsen.

Bei der Hochzeit habe ich versprochen,
bei dir zu bleiben in guten und in schweren Tagen

· wenn wir glücklich sind,
· wenn es Grund zum Jubeln und zur Freude gibt,
· aber auch dann, wenn Unerwartetes und Schmerzliches geschieht,
· auch dann, wenn es Lasten zu tragen gilt.

Bei der Hochzeit habe ich versprochen,
das Leben mit dir zu teilen, bis der Tod uns scheidet.

Dieses Versprechen war Basis in 25 Jahren.
Und es gilt auch für die kommenden Jahre und darüber hinaus.

So verspreche ich dir:
dich als Gabe Gottes zu lieben und zu ehren.
Ja – und Gott helfe mir.

An Frau Rebekka

bei der Silbernen Hochzeit, den 15. März 1797

Ich habe Dich geliebet und ich will Dich lieben,
  So lang' Du goldner Engel bist;
In diesem wüsten Lande hier, und drüben
  Im Lande wo es besser ist.

Ich will nicht von Dir sagen, will nicht von Dir singen;
  Was soll uns Loblied und Gedicht?
Doch muss ich heut der Wahrheit Zeugnis bringen,
  Denn unerkenntlich bin ich nicht.

Ich danke Dir mein Wohl, mein Glück in diesem Leben.
  Ich war wohl klug, dass ich Dich fand;
Doch ich fand nicht. Gott hat Dich mir gegeben;
  So segnet keine andre Hand.

Sein Tun ist je und je großmütig und verborgen;
  Und darum hoff' ich, fromm und blind,
Er werde auch für unsre Kinder sorgen,
  Die unser Schatz und Reichtum sind.

Und werde sie regieren, werde für sie wachen,
  Sie an sich halten Tag und Nacht,
Dass sie wert werden, und auch glücklich machen,
  Wie ihre Mutter glücklich macht.

Uns hat gewogt die Freude, wie es wogt und flutet
  Im Meer, so weit und breit und hoch! –
Doch, manchmal auch hat uns das Herz geblutet,
  Geblutet ... Ach, und blutet noch.

Es gibt in dieser Welt nicht lauter gute Tage,
  Wir kommen hier zu leiden her;
Und jeder Mensch hat seine eigne Plage,
  Und noch sein heimlich Crève-cœur*.

Heut' aber schlag ich aus dem Sinn mir alles Trübe,
  Vergesse allen meinen Schmerz;
Und drücke fröhlich Dich, mit voller Liebe,
  Vor Gottes Antlitz an mein Herz.

* Herzeleid

Matthias Claudius (1740–1815)

Gebet
für die Ehe

Liebender Gott
Vater, Sohn und Heiliger Geist
Schöpfer der Liebe

Wir danken Dir füreinander
Wir danken Dir, dass Du uns einander geschenkt hast

Wir danken Dir für unseren gemeinsamen Weg bis hierher

So viel Schönes haben wir erlebt
Glück haben wir erfahren
Du hast uns über Höhen geführt
Und in Tiefen bewahrt
Auch Schweres und Mühsames lag auf unserem Weg
Manche Last mussten wir tragen
Nicht jeder Tag war einfach

Doch Du stehst zu uns
Das Gegangene hast Du in Händen

Das Vergangene nimmst Du in Deine Barmherzigkeit

So schauen wir mutig nach vorne
Voll Zuversicht
Du gehst mit uns
Du bist bei uns an jedem neuen Tag
Du siehst weiter
Du hilfst uns, miteinander weiterzuleben
Danke Herr

Amen